SV

Band 1524 der Bibliothek Suhrkamp

Mein Tag im anderen Land

»Ich, Idiot, ins Gemeinwesen gestellt«

Pindar

1

In meinem Leben gibt es eine Geschichte, die ich noch keinem Menschen erzählt habe. Und wenn ich jetzt, gar spät, endlich damit komme, so stammt das zu Erzählende, obwohl ich selber, jedenfalls für den Anfang der Geschichte, deren Hauptperson und einziger Handelnder bin, weder in Wort noch in Bild von mir. Die Geschichte hier: Ich habe sie, in ihrem ersten Teil, in Fleisch und Blut erlebt, leibhaftig wie kaum eine der sonstigen Geschichten meines Lebens. Aber ich weiß von ihr allein vom Hörensagen – aus den Erzählungen anderer, meiner Familie, und stärker noch, raumgreifender, Dritter, der Leute aus dem Dorf; wenn nicht, mit noch größerer Nachwirkung heute, aller der mir völlig Unbekannten aus den umliegenden Ortschaften und noch weit darüber hinaus.

Nicht bloß, daß ich ohne Erinnerung bin an damals, ohne eine auch nur andeutende Spur im Gedächtnis, ohne, wie heißt es, »die leiseste Ahnung«: Ich sei schon zu der fraglichen Zeit, wie ich im nachhinein dann zu hören bekam, nach Aussage der einen nicht bei Bewußtsein oder, gemäß Aussage der andern, nicht bei Sinnen gewesen. »Ohne Bewußtsein«, das war die Version der Familie: eine Art des Schlafwandlertums, von welchem schon nicht wenige Vorfahrensgeschichten überliefert waren – bei meiner Person mit der Variante des Schlafwandelns auch tagsüber. »Von Sinnen« aber war ich zu jener Zeit in den Augen all der andern jenseits des Familienkreises.

Außer Haus galt es in der Gegend als eine Tatsache, daß es sich bei mir um einen Besessenen handelte, besessen nicht allein von einem, sondern von mehreren, vielen, gar unzähligen Dämonen. »Außer Haus«: Dazu paßte, daß ich, so wurde mir danach erzählt, im Verlauf der

Begebenheiten aus unserem heimischen Anwesen ausgebrochen sei und, sage und schreibe, mein Zelt, ein sehr kleines, außerhalb der Siedlung aufgeschlagen hätte, in einem Friedhof, nicht dem aktuellen, vielmehr dem »alten«, dem ehemaligen, mit den in der Mehrheit längst aufgelassenen und überwachsenen Grabstätten aus den zwei vergangenen Jahrhunderten.

Meine Arbeit als Obstgärtner – Hauptberuf schon von Jugend an – sei, so hieß es weiter, während jener Wahnperiode von meiner einzigen Schwester übernommen worden. Wenn vorhin von »Familie« die Rede war, so meinte ich damit die Schwester allein; Vater und Mutter lebten schon lange nicht mehr, und es gab in dem Haus und drum herum einzig uns beide; und schon vor meinem Schlafwandeln beziehungsweise Außermichgeraten war mir die Schwester in unseren vielfältigen Obstgartenbezirken rund ums einstige Elternhaus zur

Hand gegangen. Sie sei es auch gewesen, die mich dann an meinem Platz in der hintersten Ecke des vorzeitlichen Friedhofs wenn nicht täglich, so doch ein-, zweimal die Woche mit dem Nötigsten versorgt habe. Das Nötigste? Nach der Erzählung der Schwester hätte ich Schlafwandlerexistenz kaum etwas nötig gehabt außer vielleicht die heimischen Äpfel, die »Jonathan«, »Boskoop«, »Ontario« und vor allem die »Gravensteiner« – gepflanzt vom Vater einst im Vorkrieg –, und dazu das Hausbrot mit den eingebackenen Bucheckern und Haselnüssen, schon zuvor, seit der Kindheit meine Leibspeise, welche mir aber in der fraglichen Zeit noch besonders gemundet haben soll.

Hier jetzt endlich eine eigene Erinnerung: Auch ich, der Obstgärtner, damals noch mehr oder weniger bei klarem Verstand und, sage ich, dank meiner Tätigkeit die Geistesgegenwart in Person, muß, dann und wann, etwas

Seltsames, nicht ganz Geheures, ja Unheimliches an mir gehabt haben. Vor allem manche Kinder schienen das, und zwar schon von weitem, zu erwittern. Nicht wenige, die bei meinem Anblick auf der Stelle kehrtmachten, freilich nur für ein paar Schritte, worauf sie stehenblieben und, wie das Füchse tun, den Kopf auf der Schulter, zu mir zurückäugten, und es war dann ich, der jeweils einen Bogen um das Kind machte, um ihm die Angst zu nehmen.

Doch auch von den Leuten meines Alters, und nicht nur von solchen, ja, öfter noch von Älteren, und insbesondere von Uralten bekam ich zeitweise zu hören, sie wüßten nicht, wie sie mit dem Obstgärtner da »dran seien«. »Irgendetwas stimmt nicht mit dir, schon oben von deinem Scheitelwirbel an!« Es waren in dem Dorf dann gar Redensarten im Schwange, etwa des Wortlauts »launisch wie ein Obstgärtner«; oder: »mit dem bösen Blick eines

Obstgärtners«; oder: »obstgärtnerischer als ein Obstgärtner«; oder: »Seine Hoheit, der Obstgärtner«; oder auch, freundlicher: »weltfremd und kopfscheu wie ein Obstgärtner«.

Meine Schwester mutmaßte seinerzeit, solche im übrigen episodischen und tags darauf verflüchtigten schlechten Meinungen zu meiner Person rührten daher, daß ich, noch als Junger, bald nach der Landwirtschaftsschule, ein Buch über den Obstbau geschrieben hatte, eine bloße Broschüre »Über die drei Arten, Spalierbäume zu ziehen«, wovon aber im Dorf das Gerücht namens »Buch« in Umlauf war, als etwas für unsere Region Fremdes, gar Anmaßendes, wenn nicht Macht Behauptendes, und zwar eine falsche, eine gefälschte Macht. »Der Obstgärtner im Machtwahn!«

Mit dem Jahr, mit den Jahren meiner Besessenheit dann sei ich freilich in den Augen der anderen der eindeutig und endgültig Böse geworden, die Ausgeburt des Bösen, ein unheilbar Böser. Das habe auch, so mein Schwesterherz, in jedem Moment, da ich, außerhalb »meines« Friedhofs, der Bevölkerung »ins Bild gerückt sei«, in der Tat ganz so den Anschein gehabt. Wo es vorher vielleicht an mir etwas zu belächeln gegeben habe: ausgelächelt.

Sowie ich mich auf der Dorfstraße sehen ließ, sei es nicht bloß zu einem allgemeinen Ausweichen gekommen, sondern zu einer Flucht, hinein in die Häuser. »Du hast erschreckt, hast Schrecken verbreitet. Und das kam nicht von deinem Aufzug – werweißwie hast du es jeweils geschafft, sauber, ordentlich, ja geradezu elegant gekleidet aus deinem Unterschlupf aufzutauchen – und auch nicht von irgendwelchen Aktionen – keinmal sah man dich, gleichwie, agieren, und völlig ohne Gebärden, selbst ohne kleine Gesten oder einen Fingerzeig hast du den Ort durchstreift –: Der Schrecken, er ging aus von deinen Worten, von dem, was du sie, die anderen, die Gesamtheit, hören hast lassen. Und wiederum ein Nein. Nein, du hast nicht geschrieen, geschweige denn gebrüllt, oder geheult und mit den Zähnen geknirscht. Du hast fast leise geredet, gleichsam in Zimmerlautstärke, vor dich hin, wie mit dir selber, und doch wurde ein jedes deiner in dich hineingemurmelten Worte hörbar, wie in Lautsprechern schallverstärkt, von einem Ortsende zum andern.«

Was ich so von mir gegeben hätte, seien jedesmal Beschimpfungen und Schmähreden gewesen, und ein jedes Mal wieder andere, neue, und ein jedes Mal unerhörte, und dann womöglich noch »unerhörtere«. Unmöglich, zu bestimmen, wen oder welche ich so schmähte und beschimpfte. Öfter als eine Mehrzahl oder eine Gruppe meinte ich jedenfalls einzelne, und zwischendurch, so meine Schwester, schien ich mich allein als den »Unverbesserlichen!«, die »Jammergestalt!«, die »Ausgeburt der Hölle!«, den »Untermenschen!«, den »Spaltpilz!«, den »Verwurmten Kern!« zu beschimpfen. Und ein Zeichen, daß es sich dabei um Anwürfe an mich selbst handelte: einzig da in meiner Ortsdurchquerungssuada sei ich ein wenig lauter geworden, und ein-, zweimal im Lauf der Wahnjahre sogar »ins Schreien, nein, ein kurzkurzes Aufschreien« ausgebrochen.

Meiner Schwester kam es damals, wenn auch bloß für jeweils flüchtige Augenblicke, vor, als spielte ich auf diese Weise zugleich ein Spiel. Oder so: als werde in mir, ohne meinen Vorsatz und mein Zutun, ein Spiel gespielt, ein seltsames; und es bräuchte nur Mitspieler, Mitspielbereite, nicht bloß einen oder zwei, und nicht bloß mehrere, nein, viele! und der Schrekken, das Beinah-Grauen, das ich verbreitete, löste sich auf in Luft, in Spielluft, und was für ein Tanz wäre das dann!

Doch wenn mein Verhalten zugleich eine Aufforderung zum Spiel gewesen sein sollte: keinmal und nirgends die anderen, die mir einen Schritt entgegenkamen und unversehens mitmischten. Statt dessen Reißausnehmen und wieder Reißausnehmen vor meiner Wenigkeit, Hals über Kopf, und das über die Jahre. Es schien klar: Das Fast-Grauen, das ich dem Volk mit meinem unablässigen Beiseitereden einflößte, würde eines Tages umspringen ins Tatsachen-Grauen, in ein Gemetzel, einen Amoklauf, wie ihn die Gegend, das Land, ja, die ganze Welt noch nicht erlebt hätte. Und wie müde ich doch im Laufe der Zeit der ewigen Schimpf- und Drohgänge zwischen den alten und den neuen und immer gleicheren Häusern meines mir einst so ans Herz gewachsenen Landes geworden war. Und wie mir doch mit der Zeit vorkam, nicht etwa mir täten die anderen da not, vielmehr, im Interesse der Angst, als einem ihrer vordringlichen Lebenszeichen, ich, der dem Anschein nach gefährlich Besessene, ihnen. »Müdigkeit und Nottun, Nottun und Müdigkeit«: Liedzeile?

Wozu mir jetzt in den Sinn kommt, wie ich mich damals eines Tages auf meinem Zickzackweg mitten im Ort, auf einmal stumm, nur noch lautlos die Lippen bewegend, auf einer Hausschwelle niederließ, einer hohen, steinernen, vor einem der letzten der alten Häuser, und wie ich dort saß und saß bis lang nach den ersten Sternen, in der Erinnerung unsichtbar, von niemandem gesehen; oder doch? Dann aber nicht als ein Schreckgespenst, und schon gar nicht als Drohfigur.

Jetzt, an meinem Schreibtisch in der Gartenhütte, spüre und weiß ich mich, Jahrzehnte danach, auf jener granitenen Schwelle sitzen, und das weiß ich weder von den Erzählungen meiner Schwester noch von den anderen. Ich weiß und spüre das aus eigenem, einzig aus mir, aus dem tiefsten Innern. Und das verdanke ich dem

Faktum, daß ich endlich ans Aufschreiben dieser Geschichte gegangen bin; daß ich die ihr entsprechenden Worte habe kommen lassen; daß sich ein die Worte akzentuierender Rhythmus, fürs erste zumindest, eingestellt hat – oder zumindest eingestellt zu haben scheint. Solch Schreiben hat mich unversehens geweckt und mir gezeigt, wie ich damals als der Schwellenhocker gewesen war: in meiner Müdigkeit hellwach, ohne Spur von Schlafwandler- oder Dämonentum. Es ist und bleibt, jetzt und hier, das einzige seinerzeitige Selbstbild. Und es ist in Wahrheit auch kein Bild; gibt nichts zu sehen in der Erinnerung, weder die Schwelle noch mich, nur eben zu spüren: mein Sitzen, mein Dasitzen, wacher nicht möglich, und ganz bei Sinnen, vernünftiger, und das will nun sagen, friedlicher nicht möglich.

Die Folge freilich war – so stelle ich mir das jetzt vor, oder bilde es mir ein –, daß vielleicht schon tags darauf oder gar noch in derselben

Nacht Wahn und Raserei umso blindwütiger aus mir hervorbrachen. Wie auch immer: Nach den für einmal übereinstimmenden Erzählungen und Berichten der Schwester wie auch aller der andern ist die letzte Periode meines Außer-mich-geraten-Seins, ehe die sogenannten Dämonen »wie durch ein Wunder« von mir ließen, insbesondere durch das, was Umwelt und Welt samt Erde und Himmel da von meiner Person (oder Un-Person) zu hören bekamen, die heftigste und wiederum wohl auch lachhafteste, schwerlich mehr ernstzunehmende gewesen.

Ich wütete da, außer auf meinem zivilisationsfernen ausgedienten Friedhof, gegen die gesamte Schöpfung, und nicht mehr bloß im Dorf und in den Nachbardörfern meiner Stammgegend, sondern im ganzen, wenn auch kleinen Land, und zuletzt auch nicht mehr wie mit der Hand vor dem Mund, nein, lauthals, unter Zeter-und-Mordio-Geschrei, »ohne dabei je heiser zu werden« (wie mir später von dem und jenem, wörtlich so, mitgeteilt wurde).

Nichts war mir recht an der Schöpfung. Nichts an ihr ließ ich gelten. Jede noch so kleine Einzelheit, und dazu noch deren Gegenteil!, sei mir zum Ärgernis geworden. »Nieder mit der Schöpfung!« soll ich, gleichsam am Ende jeweils einer Strophe, zum Ausklang wieder und wieder eines Anwurfs gegen ein so harmloses wie unschuldiges Himmel-Erde-Phänomen skandiert haben.

Den einen Passanten sei ich angefahren, weil ihm beim Gehen die Arme weit ausschwangen, den folgenden, weil dessen Arme dabei stockstarr am Körper blieben. Die aus den Baumwipfeln trillernden Amseln herrschte ich an mit: »Maul halten!« Eine hohe Stirn war mir zu hoch, und eine weniger hohe jedesmal zu niedrig. Eine Ruhestörung, wenn einer mit

Baßstimme sprach, und eine Tenorstimme eine einzige Beleidigung. »Weg mit all den breiten Schultern, und desgleichen mit all den schmalen. Langbeinige gleich lächerlich wie Kurzbeinige. Wie häßlich ihr mit den dünnen Lippen, und wie anders häßlich ihr mit den wulstigen. Und wie kommt es, daß ihr entweder sinnlos laut seid oder wölfisch leise? Der oder die mit dem fliehenden Kinn ein gleiches Ärgernis wie die oder der mit dem vorstehenden, die Adlernasen genauso unschön wie die Stupsnasen, alle die kleinen Busen gleich schamlos wie die großen, Blondhaar ebenso alt aussehend wie schlohweißes. Häßlich, häßlich, verboten häßlich! Und am häßlichsten ihr ohne besondere Merkmale, ihr, die überwältigende, die raumverdrängende Mehrheit auf Erden, ihr mit dem normalen Gang, den normalen Stirnen, normalen Nasen, normalen Lippen, normalen Kinnbacken, normalen Schultern, und mehr und mehr auch schon fast alle ihr Neugeborenen, euern normalen Vätern und Müttern aus den

Gesichtern geschnitten, und dergestalt schon an eurem ersten Tag im Licht der Welt scheußlich voraussehbar eure Gesichter in dreißig, in vierzig, in fünfzig Jahren – bloß leider Gottes bei fast keinem von euch Neugeborenen, anders als bei denen vor eurer Zeit, ein altes, das Gesicht eines Greises oder einer Greisin.«

»Und das Ewiggleiche genauso niederziehend wie all das niederziehende Sichverändernde. Die Apfelblüten seit jeher mit fünf, höchstens einmal sechs Blättern. Die Birnenblüten seit Anbeginn nach Aas riechend. Ach, ihr so allezeit reinstweißen Quittenblüten, wann wechselt ihr endlich die Farbe, oder laßt wenigstens da und dort ein hauchzartes, rötliches Äderchen an euch zu? Klee, stärk deine Stengel, damit du einmal aufrecht stehst unter dem Gewicht einer Hummel! Und alle die immergleichen langgezogenen Pferdeschädel in der Landschaft. Und all die unabänderlichen Bahnen der Schmetterlinge. Und die je nach Windstille oder -stärke berechenbaren Spiralen des fallenden Laubs. Und die ewigen Zickzackflüge der Schwalben. Und das Glühen der Glühwürmchen. Und das Hochzeitsschnaufen der Igel. Und aus dem Bild mit euch Schwanenhälsen, euch Wespentaillen, euch Löwenmähnen, euch Gemsensprüngen!«

»Einerseits das Sichtbare so störend wie empörend sichtbar; das Offenbare nerv- und seelentötend offenbar. Und andrerseits das Unsichtbare, und nicht bloß die Amsel im Baum, die Grille im Gras, die Lerche im Zenit, zum Wahnsinn treibend unsichtbar, von Alpha bis Omega unsichtbar; häßlich und zum Hassen unsichtbar. Hassenswertes Blau des Himmels. Nieder mit der Schöpfung!«

Solches und Ähnliches soll ich damals in der Endphase meiner Dämonenzeit auf meinen Streifzügen kreuz und quer durch das Land von mir gegeben haben. (Fehlte nur der Schaum vor dem Mund? Der wurde nirgends erwähnt; bis auf jähe Lautstärken hätte ich mich sogar gesittet verhalten und meine Suada an niemand persönlich, vielmehr an den andern vorbei in die Menschenleere, an das Land gerichtet, oft auch hinter mich sprechend, über die Schulter.)

So tat ich tagsüber, und gegen Abend kehrte ich jeweils zu Fuß oder auch, nicht nur von meiner Schwester, gefahren, zu meinem Lager im alten Friedhof zurück; das Land, wie gesagt, war klein, nicht größer als ein paar durch Bäche und Teiche getrennte Talschaften, und erlaubte die Rückkehr.

Noch heute habe ich täglich einmal ein Bedürfnis nach Öffentlichkeit, freilich nicht in dem Sinn, mich zu zeigen oder gar aufzutreten, sondern als Raum, hinaus und weg vom Privaten: Öffentlichkeit als eine Sphäre, ohne welche ein Tag nicht so recht zum Tag wird; der öffentliche Raum als eine Art Gesundbrunnen.

Sowie ich damals freilich von meinen Redekreuzzügen querlandein heimkam an meinen Platz im hintersten Winkel, geschah mit mir verläßlich eine Verwandlung. Zwar blieb ich weiterhin meiner selbst nicht bewußt, merkte, wie schon tagsüber, nicht, was ich tat und von mir gab, oder es ist mir wenigstens nichts davon im Gedächtnis geblieben. Aber laut der anderen sei ich, kaum eingetreten in den Bereich des im übrigen kaum mehr als solches erkennbaren ehemaligen Gräberfelds, die Sanftmut in Person geworden. Mochte ich auch weiter den Mund aufmachen und mich – fernfernhin! – hören lassen: Was da erklang, war das schiere Gegenteil der taglang vorausgegangenen Schimpf- und Drohtiraden. Klang? Ja, Klänge, und solche, die, ohne Übertreibung – und wenn, dann nur eine leichte –, bis hinein in die fernsten Behausungen der Talschaften unseres Landes drangen.

Ich hätte, wie man erzählte, in einem fort gewechselt zwischen Sprechen und Singen. Und mein Reden geschah dabei nicht in unserer heimischen, aber auch, so artikuliert jedes Wort daherkam, in keiner sonstigen lebenden Sprache; selbst der eine und einzige linguistische Weltexperte der Gegend vermochte es nicht, mein urfremdes Idiom einem anderen beizuordnen oder es geschweige denn zu benennen. Zu verstehen war da jedenfalls keins meiner Worte. Und trotzdem war es denen, welche Ohren hatten, zu hören, sonnenklar, daß ich in solch unbekannter Sprache, in rätselhafter Syntax und nicht zu entschlüsselnder Grammatik Besänftigungen hören ließ, wie sie in keiner der bekannten Landes- und schon gar nicht der sogenannten Welt-Sprachen möglich waren und wirksam zu werden vermochten.

Seltsam nur, daß der eine oder andere, angezogen vom Klang meiner Stimme – in der Regel ein Kind aus der näheren Umgebung, das es sommers nicht litt im Bett so früh –, wenn er mich dann heimlich ausspionierte, die Entdeckung machte, wie ich, statt vor mich ins Leere zu sprechen, jedesmal etwas anredete, Lebewesen, Tiere, einzeln, zu Paaren, zu mehreren. Falter? Vögel? Heupferdchen? Libellen? Weinbergschnecken? Denen ich, abendlich vom gefährlichen Narren zum harmlosen Idioten geworden, so zusprach, das waren Bisamratten, Eulen, Fledermäuse, Wildkatzen, Marder, Luchse, Schildkröten, Eidechsen, Schlangen. Und es hatte dann, für Augenblicke, den Anschein, als hielte ein Teil dieses Viehzeugs beim Klang meiner Stimme in seinen Freß-, Jagdgängen und -flügen tatsächlich inne (ausgenommen die Fledermäuse).

Mein Singen aus dem Gras-Busch-Mauerreste-Steppenwinkel kam dagegen entschieden leise, ohne den Klang und Schall meines Artikulierens in der unbekannten Sprache, und sei pur ein Singen gewesen, ohne auch nur ein Wort. Bloß wenige haben es gehört, aber die erzählten später, dabei sei etwas wie ein Echo entstanden. Nur: von woher? – »Von allen Ekken und Enden«; »feierabendlich«; »ein Feierabendgesang«.

Eine der wenigen war meine Schwester, und sie wollte zuerst nicht wahrhaben, daß ich dieser Sänger sei. Noch nie habe sie ihren Bruder so singen gehört. »Wenn du vorher, vor deiner Dämmerzeit, gesungen hast, so extra falsch, absichtlich aus Leibeskräften falsch! Dagegen dann diese paar anderen Male! Nie mehr hast du danach gesungen, weder so noch extra falsch! Und wie du Dämon da gesungen hast, fast tonlos, aber mit was für glühenden Augen, dem Echo lauschend, als ob du es, dein

Singen, selber nicht fassen könntest, Dämon in Person!«

In der Folge sei ich, für eine kurze Periode, bis sich das alles, wie ein Spuk, jählings in Luft auflöste, für einige und wiederum eher wenige in Gegend und Land, zu einer Autorität geworden; und zwischendurch habe man sogar beinah von einem »Zulauf« zu mir hinten auf der in die Savanne rückverwandelten Gräberstätte reden können.

In jener letzten Episode meiner Wahnhaftigkeit, oder, wie das jetzt im Aufschreiben bei mir heißt, meiner »Selbstübersteigerung«, diente ich dem einen oder anderen als eine Art von Orakel. Nur daß meine Orakelsprüche weder von einer Zukunft noch von einer Vergangenheit handelten, und auch nicht ergingen in einer Rätselform. Ich sagte, heißt es, demjenigen jeweils einfach ins Gesicht, wie es um ihn bestellt sei, und was es mit ihm auf sich habe, und zwar nicht bloß jetzt, im Augenblick, sondern von Anbeginn.

Meine Sprüche kamen ohne Zeremoniell, und dann, wenn sie nicht mehr, oder noch nicht, erwartet wurden; so unversehens wie unvermutet. Sie bestanden ausnahmslos aus einem Satz, einem kurzen, einem Pfeilsatz oder Satzpfeil. Und mein Gegenüber sah sich davon mehr als bloß so durchschaut: Er wußte sich von mir, dem Idioten da mit dem sanften Blick, ein für alle Male erkannt, im Guten wie im Bösen. Nichts von der an meinem Steppenwohnsitz sonst üblichen Abwesenheit in meinen Zügen: In dem jähen kurzen Moment des Orakelspruchs erstrahlte mein Gesicht von einer Geistesgegenwart, welche, so meinten dann sämtliche Orakelpilger übereinstimmend, geradezu etwas von einer Amtsausübung gehabt habe, eines dabei selbstverständlichen und nichts von sich hermachenden Amtes.

Diese meine Autorität hatte kaum etwas zu schaffen mit irgendwelchen Physiognomien und Stimmlagen. – War es vielleicht die sogenannte »Wesensschau«? – »Wesen« mag gelten – nicht aber die »Schau«, bezeichnen doch »Schau« und »schauen« ein Andauerndes und Gleichmäßiges in einer Folge von Zeit. Hier dagegen, in dem Fall des mit seinem Wahrspruch aus dem Stand ins Schwarze, oder Weiße, oder Schwarzweiße, oder sonstwohin treffenden »Gestörten« (= ich damals), war dem weder ein Schauen noch gar eine Schau vorausgegangen; jeder der Sprüche sei aus mir herausgekommen mit einem Ruck; Ergebnis eines Rucks; für den einer meiner damaligen Besucher, ein Kenner der rarsten, auch der unerforschten und bis zum heutigen Tag unerforschten psychischen Abwegigkeiten mir später dann gar mit dem Fachausdruck aufwartete: »Der dämonische Ruck«. Was ihn freilich, in jenem Sekundenbruchteil meines Rucks hin zu ihm und, fast oder ganz zeitgleich, dem entsprechenden Wortwurf – »du bist ein Verräter von Geburt an«, oder etwas dergleichen –, nicht davor bewahrt haben soll, aus seiner Fachmannsfassung zu geraten, obgleich allein für die Dauer eines anderen Sekundenbruchteils.

Im übrigen war auch das Kapitel meiner dabei nicht bloß friedlichen, sondern darüber hinaus, wie sagt man, »gemeinschaftsfördernden« dämonischen Rucke flüchtig, und bald wieder vorbei, gleich wie mein das Land durchfurchendes oder -forstendes Zungenreden in der nichtexistierenden Sprache und mein Singen aus der Kehle eines namenlosen kleinen Engels. Stumm, verstummt, mit verschluckter Zunge sei ich an den lange hellen Sommerabenden und in den grillendurchzirpten Nächten in meinem Halbwüstenunterschlupf gekauert oder, »auf die Knie, unsichtbares Volk!«, gethront.

Umso größer der Tumult der letzten Tage meines Auftretens draußen-drüben in der Öffentlichkeit. Ich war im übrigen längst nicht mehr der einzige, der dort zwischen den Häusern auf den Straßen und Märkten, nach den einen in der Rolle eines Besessenen, nach den andern als ein leibhaftig Besessener, herumtobte. Mit den Jahren waren, wer weiß von woher, neue dazugekommen, Ältere und Jüngere, und fast genauso viel Frauen wie Männer; fehlte bis dato nur noch ein Kind.

Wir wurden allesamt geduldet. Es war, als habe jeder sein Revier (ausgenommen ich, für den in der Gegend keine Grenzen galten). Keiner der sich standig vermehrenden Platz- und Marktschreier begegnete je seinem Nebenmenschen, und wenn, so hatte er weder Augen noch, bewahre!, Ohren für den. Und es war, als seien wir sämtlichen – so viele waren wir letztlich doch nicht – wie ohne mögliche Wiederkehr Außersichgeratenen jeder für sich eine

Institution, Teil des Weichbildes der Region, und dazu noch im Interesse der Öffentlichkeit.

Wie das: Wir endgültig Durchgedrehten von einem öffentlichen Interesse? Ja: in dem Sinn, daß wir, ohne uns dessen bewußt zu sein (wie denn auch?), der übrigen Bevölkerung als Spiegel dienten. Spiegel wovon? Spiegel des eigenen gefährdeten Inneren: »So bin ich insgeheim auch, und ebenso könnte es, morgen früh oder schon heute nacht, von einem Moment zum andern aus mir herausschreien, und dann so weiterschreien, -kreischen, -toben ohne Ende.« Aber derart gefährdet ist, nicht wahr, höchstens eine kleine Minderheit, und keinesfalls die gesamte Bevölkerung? – Doch: die Bevölkerung, die ganze! – Und was war deren Interesse, sich so von uns Besessenen gespiegelt zu sehen? – Sich so gespiegelt zu sehen, konnte, wenn nicht heilen, so doch, für den Augenblick, zurechtrücken, wie auch die Dinge einen selber, die Form und die Formen wahren, insbesondere hier draußen vor all den andern, und zwar im, wie gesagt, Interesse der Öffentlichkeit!

An jenem meinem allerletzten Tag als der selbsternannte König der landesweiten Dämonenschaft, ein jeder in seinem Bezirk, ereignete sich in derartiger Spiegelung eine besondere Variante. Als ich, hergewandert von meinem Friedhofsnachtlager, mehrere griechische oder amerikanische Meilen und russische Werste weit weg, wie üblich die öffentlichen Bereiche des Landes durchschweifte, hatte, so ganz anders als sonst, aus der Bevölkerung keiner ein Auge für mich. Das kam, unter anderm, vielleicht auch daher, daß ich all die Zeit, und zwar taglang, nicht den Mund aufmachte und ebenso jedes gewohnte Gestikulieren unterließ. Ich rührte keinen Finger, bewegte keine Lippe, hob keine Braue. Nicht einmal ein Wimpernzucken war zu sehen an mir. – Wer hat das gesehen? Und wer hat das erzählt? –

Meine Schwester, die mir zu der Zeit, in arger Sorge um mich, jeden Morgen insgeheim hinterherging; ich war da ja womöglich weniger denn je zuvor bei klarem Verstand.

Und hier die Variante: Wer mich dagegen auf meinem tagelangen Kreuz-und-Quer-Streifzug wahrnahm, das waren, von Bezirk zu Bezirk, die, meine anderen – die »Meinigen«. Und nicht bloß blieb ihnen angesichts ihres Hauptbesessenen das Geschrei – »statt aus tiefster Seele aus abgrundloser Seelenverlorenheit« (so meine Schwester) – in den Kehlen stecken: Sie sollen sich, allesamt im gleichen Rhythmus, abgewandt und die Hände vors Gesicht geschlagen haben. Und dann ergriffen meine Mitdämonen, wie nur je Dämonen, die Flucht? – Nicht doch: Diese Dämonen hätten sich versteckt, oder zumindest sich umgesehen nach einem Versteck. Diese Dämonen schämten sich, und nicht etwa meiner, sondern ihrer selbst, oder so: angesichts meiner ihrer falschen, ihrer angemaßten Dämonie. Dämonen und Scham! Und die meisten seien in der Folge verschwunden, auf Nimmerwiedersehen. »Und noch etwas« – so meine Schwester, notgedrungen eine Kennerin –: »Kein wahrer Dämon, hat er erst einmal seinen Platz gefunden, wird sich von diesem verjagen lassen; er ist unverjagbar; unverrückbar. Die aber –«

Die Sorge meiner Schwester war zuletzt geworden, ich könnte nicht den andern etwas antun, sondern mir selber. Schon als Kind hatte ich, im besonderen der Mutter, angekündigt, ich würde eines Tages mit dem Schädel gegen die Felswand hinter unserem Haus rennen, mich in die Jauchengrube stürzen, einen Kopfsprung oben aus der Krone des Kirschbaums in der Dorfmitte machen, und solches von mir gegeben mit einer Bestimmtheit, daß nicht allein die Mutter meine Drohungen ernst nehmen mußte.

Nachgetragen sei hier, jenseits der Angst der Schwester um mich, ein Splitter meiner persönlichen Erinnerung an die letzten Stunden der Besessenheit: Nicht ich würde mir etwas antun, sondern den Kindern der Gegend, die inzwischen, zuerst mich nachäffend, dann, sich in Fleisch und Blut, unter Wut- und Ekelgebrüll von der Welt, wenn nicht dem Universum wegkrümmend gleich mir, meine Gefolgschaft geworden waren. Sie, die Kinder, würde ich töten, allesamt! Ein anderer, der zweite Kindermord drohte! Zu Hilfe!

Zuletzt bestand ich, vom Morgen bis in die Nacht, nur noch aus Geschrei. Es war das freilich ein Schreien, das nicht aus mir herauskonnte, bei geschlossenen Lippen, stimmlos ohne Vokale, einzig Mitlaute, »k!«, »n!«, »p!«, »s!«, und so weiter – statt Aufschreie »Inschreie«, und zwar in einem fort, ohne ein Absetzen. Und niemand, der mich hörte, oder gar mir zuhörte. Niemand, der mich brauchte.

Meine Schwester spielte mir das wohl vor. Doch es war ein falsches Spiel, und machte alles nur noch schlimmer.

2

An dem fraglichen Tag sah die Schwester – sichtbar nur für sie – mich weinen, wie ich selbst in der Kindheit nie geweint hatte. (Und als einen Weinenden erlebte sie mich in meiner dämonischen Zeit da überhaupt zum ersten und letzten Mal.) Ich weinte, vollkommen lautlos, um Hilfe; daß ich dabei dann die Zähne bleckte, war Teil des Um-Hilfe-Weinens, und an meinem Geschüttelt- und Gerütteltwerden, am ganzen Leib, las die Schwester endlich ab, was ich so, unfähig zum leisesten Ausruf, aus mir herausschreien wollte.

Es waren das Hilferufe in der Form von Verwünschungen und Verfluchungen, allesamt gegen mich selber gerichtet. »Daß mich doch endlich einmal der Blitz träfe. Daß einer ein Messer zöge und es mir in das Herz stieße.

Daß der Überlandbus da aus der Bahn scherte und mich auf der Stelle platt quetschte. Mir auf den Schädel gestürzt, alte Eiche. Hinein hinten in den Müllwagen mit mir zum Zerhäckseltwerden. In den Käfig zu dir, hungrig brüllender Löwe. – Oder daß wenigstens ein Taubenschwarm mich augenblicklich von oben bis unten zuschisse!«

Es fügte sich dann, daß die Schwester sich mir in den Weg stellte, und des weiteren, daß ich, einen Schritt auf sie zutretend, eine Handbreit vor ihrem Gesicht aus dem Stand auf sie einredete, mit einer leisen, aber klaren Stimme aus dem Brustinneren, dazu in ganzen und eher vernünftigen Sätzen (wenngleich dabei, wie schon in den Wahnmonaten und -jahren zuvor, nicht gewiß schien, ob ich sie als diejenige-welche überhaupt erkannte): »Guten Tag, und wie geht's? Das Schreckliche ist ja nicht die Finsternis, vielmehr das viele Licht drinnen in mir, und um mich herum. Wie böse ist es, dieses Licht. Eingekerkert bin ich in es. In es eingeschlossen am Morgen, am Abend, in der Nacht. Lichtumzingelt allerwärts, bis hinein in die letzten Seelenwinkel. Ah, was erstreckten sich doch dort einmal für Gemächer, Gemach um Gemach im zartesten Halbschatten und im einladendsten Dämmerschein. Heimliche Wohnungen und Zufluchtsstätten, sich auftuend bei Bedarf, und auch ohne Bedarf, noch und noch, eins ums andere still leuchtend, ohne irgendein Extra- oder gar Fremdlicht – Fremdlicht um Fremdlicht, in dem es geschehen, in dem es sich ereignen, in dem es demnächst offenbar würde – es! Und inzwischen: Weh, der Lichtkrebs mir fressend an der Seele, Oberlicht, Unterlicht, Vorderlicht, Rückenlicht, Seitenlicht, Zentrallicht, Außenlicht, Innenlicht, alles in einem, unentrinnbar, weder al-Rahîm noch al-Rahmân, nicht der oder das Sich-Erbarmende, geschweige denn das All-Erbarmende: erbarmungslos. Weh, und abermals Weh. Hilfloser, ich Hilfloser!«

Und dazu meine immerzu weit und mit jedem Satz womöglich noch weiter aufgerissenen Augen, außerstande, sich zu schließen, und das nicht erst seit dem einen Morgen.

Und wieder fügte oder ergab es sich, daß meine Schwester und ich dabei am Ufer eines Sees standen, des einzigen unseres Landes, mit dem anderen Land an dem Ufer gegenüber. Ein paar Männer zogen ein Fischerboot aus dem Wasser und blieben noch eine Zeitlang, einen Halbkreis bildend, stehen. Aber nicht das war es, was ich dann sah und was mich, jetzt, und jetzt! und noch einmal jetzt!, nach einer jahrelangen Fast-Bewußtlosigkeit, Schlag auf Schlag, wieder zu Bewußtsein brachte.

Was mich weckte und mich zurück zu mir von früher kommen ließ, das waren die Augen des einen Mannes, welcher in der Mitte des Halbkreises stand. Obwohl in einiger Entfernung zu mir und meiner Schwester und dazu in einem von der Seeoberfläche noch verstärkten Gegenlicht, war das Pupillenpaar mir ganz nah, näher nicht möglich, und klar umrissen, wenn auch ohne eine bestimmbare Farbigkeit. Und ich fühlte, nein, wußte mich von diesen Augen angeblickt, wie ich noch keinmal von einem Menschen angeblickt worden war. Nicht allein ein Anblicken war das, sondern darüber hinaus – wieder nein – daneben!, ein Zuschauen, ein rein mitgehendes, selbstlos teilnehmendes, freundschaftliches. Es wollte dabei auf keinen Fall gesehen werden. Und wurde doch gesehen. Und wie! Mein Herz blieb stehen und schlug nach einem Augenblick weiter, stärker denn je.

Da war er endlich, der Gute Zuschauer, wie er mir all die Zeit meines Wahns so notgetan hatte. Und, wahrhaftig »im Nu«, war ich ihn los, den Dämon; fuhren sie aus aus mir, die Dämonen. Von Gestank dabei freilich keine Rede. Es war, als ob sie eher bloß so verduftet seien.

(Und jetzt im Aufschreiben der Geschichte weht mir auch, wirklich-echt, eine Duftwolke in die Nase, ein gar nicht so übles Gemisch rarer Parfums, die jeder, der das liest, sich selber nahkommen lassen möge.)

Was hieß da »Guter Zuschauer«? – Es hieß, zum Beispiel, folgendes: Sein Zuschauen war zugleich auch ein Hinschauen und ein Hören – ein Hinhören, auch wenn es gar nichts zu hören gab. – Und der Gute Zuschauer erwartete, so anders als viele der aktuellen wie auch organisierten Zuschauerschaften, für sein Zuschauen weder Lob noch Lohn, und er übte sein Zuschauen, vor allem, nicht aus im Interesse eines Markts oder, bewahre!, der Macht – jedenfalls keiner käuflichen, oder institutionalisierten.

Zurück im Leben; der Welt, dem lieben Planeten, der Mutter Erde wieder zurückgegeben. Erst die Schwester – »da bist du ja!« – gehalst, ihr übers ganze Gesicht geleckt und sie zugleich, wie in den alten Zeiten, an den Haaren gezogen, alles zugleich, und dann auf die Knie gefallen, mit Wucht, nicht darauf achtend, daß mit den Wahnjahren auch meine Jugend vergangen war. Jugend oder nicht: Jedenfalls gähnte ich, so im Knieen, wie nur die Neugeborenen gähnen.

Mein Kniefall konnte fast so aussehen, als sei er dem bestimmt, der mich mit seinem Blick des Guten Zuschauers von meinem Übel befreit hatte, war er doch inzwischen aus dem Kreis der Seefischer ausgeschert und auf mich zugekommen. Aber ich war unwillkürlich, beinah gegen mich, auf die Knie gestürzt, und so sprang ich schnell wieder auf, bevor der Fremde vor mir stand.

Ich jedenfalls war kein Fremder für ihn. Wie sonst hätte er mir die Hand auf die Schulter legen können, mit der zartesten Beiläufigkeit, trotz oder dank derer ich heute noch diese Hand auf mir spüre, und mich begrüßt mit einem: »Da bist du mir ja wieder, mein Freund!« Noch nie hatte ein anderer mich so seinen Freund genannt. Und meine Schwester erzählte mir, da auf der Stelle, sie sei ihm damals bei ihren Besuchen an meinem Sitz in der Steppe immer wieder begegnet, und eines schönen Tages habe sie ihn gar, wenn auch »im gehörigen Abstand«, mir gegenüber bei den fast versunkenen Grabhügeln angetroffen, ein Buch lesend und dazwischen immer wieder davon auf- und zu mir, und dann auch zu ihr hinschauend. »Ja, und so ist er in der Folge mein Liebster geworden, und ist es seitdem auch geblieben. Damit du es weißt, Bruderherz!«

Die Fischer vom Seeufer waren in der Zwischenzeit vollzählig näher gekommen und bildeten ihren Halbkreis nun um mich, meine Schwester und ihren »ami«; und wie ich uns alle so beieinanderstehen sah, mit Augen frisch wie noch nie, da kam mir, das sei die bestmögliche und die schönste je aller Gemeinschaften, noch dazu unter dem Sommermorgenhimmel und beim Gebraus der meerhohen Seewellen, und ich sagte, oder es kam aus mir so gestammelt: »Ah, laßt mich mit euch bleiben für immer, oder wenigstens diesen einen Tag!«

Darauf aber, zuerst nur mein »Guter Zuschauer«, gleich miteinfallend meine »liebe Schwester«, und zuletzt auch der »Chor der Seefischer«: »Nein. Du gehörst nicht zu uns, Freund. Du hast hier nichts zu suchen. Weg mit dir. Und auf der Stelle, dalli-dalli. Hinüber ins Land hinterm See mit dir, Nachbar. Und dort drüben wirst du erzählen und den Leuten dort in der Dekapolis, im ehemaligen Zehn-Städte-Land, weitergeben, was dir geschehen ist, verstanden? Ein ›stadion‹, das heißt etwa hundertundneunzig Meter zur Linken von hier, findest du tief im Schilf das Boot für die Überfahrt samt Einhandruder und Außenbordmotor und allem sonst fürs andere Land Nötigen. Ab mit dir, und leb wohl, Freund – Bruder – Nachbar!«

So machte ich mich, von meinen Dämonen befreit, nach einem freilich langgezogenen Abschied, auf den Weg hinüber ins andere Land. Das Boot war klein, für einen Alleinfahrer bestimmt, und aluminiumleicht, zugleich stabil, und außerdem war der See, im Abstand vom Ufer, jenseits des Schilfgürtels, zunächst fast ohne Wellen, geradezu teichglatt, hatte in der Tat auch etwas von einem großen Teich, der dabei, sehr früher einmal, im Volksmund »Meer« geheißen hatte, »Unser Meer«; die Uferlinie des anderen Landes gleich in Sichtweite.

Im Boot lagen auch Kleider zum Umziehen, samt zugesteckter Wegzehrung in den Taschen. Im andern Gewand war mir, es sei fürs erste etwas geschafft, oder aus dem Weg geräumt.

Ich ruderte mühelos, links, rechts, wie in einem Kanu, welches ich mir angemalt in Indianerfarben vorstellte. Bis zum Anlegen drüben brauchte ich den Motor nicht anzulassen, und dachte auch nicht daran. Für Momente war mir, es sei sogar unnötig, das Ruder einzutauchen: Ich würde geschoben. Oder als zögen allein die inzwischen aufkommenden Wellen, ohne auch nur den leisesten Lufthauch, das Boot gen, ja, richtig gelesen »gen«, das andere Ufer. Und als Musikbegleitung dazu das vollkommen lautlose Flimmern und Flittern auf der Wellentastatur.

Bei meinem Einsteigen lag in einer Regenlache am Bootsboden, kaum kleinfingerlang, ein Blutegel und schien auf mich dort zu warten, und so legte ich ihn mir hinten auf eine Wade, aber er fiel, ohne sich an mir festzubeißen, geschweige denn, sich mit meinem Blut vollzusaugen, von mir ab, wieder und wieder; verschmähte oder verschonte mich; und so setzte ich den Egel aus an einem der mit ihm fast gleichfarbigen Schilfkolben.

»Gibt es je eine Rückfahrt« – so wandte ich mich zu ihm –, »so sollst du mein Blut nicht mehr verschmähen. Es soll dir dann schmekken, mein Blut – das Blut des Gesandten des Guten Zuschauers.«

Die Stille nachher auf dem Teich oder See wurde, mit der Zeit, die ich mir ließ zur Überquerung – o Freude, o Friede, Zeit zu haben! –, glaubt mir, zur Meeresstille, und die Erinnerung an meine Schulzeit kehrte zurück, in Form und Klang des alten griechischen Wortes für solche Stille: »Galēne«.

Das Ufer des anderen Landes hatte keine Schilfzone vor sich, und es war auch, im Gegensatz zu dem unsrigen, steil und felsig. Oben von der Felskuppe weg aber erstreckte sich freilich dann, wie auch hier bei uns, eine dem ersten Anschein nach wie hügellose Ebene, die, kraft des Aufstiegs zu ihr, wenn auch bloß kurz, eine Empfindung von Hochland gab, des einstigen, längst, bis auf Restspuren, verschwundenen Dekapolis-Zehngemeindenhochlands, aus dem heute eine mehr oder weniger dicht besiedelte einzige Polis oder Gemeinde geworden ist.

Doch genug hier von Geographie, und zurück zu mir. Denn um meine Geschichte geht es: wie ich den ersten Tag, vor allem den, nach meiner, ja, Erlösung verbrachte, und dann, bloß anzudeuten, was folgte; die Wochen, Monate, Jahre.

Aus dem Boot steigend und den Fuß ans Ufer des anderen Landes setzend, fand ich mich blind geworden. Oder so: Ich sah wohl, aber nicht mit den Augen. Mein Gesichtssinn ließ mich stracks im Stich, und an seine Stelle trat – »ja, hast du das gesehen? So schau doch!« –

etwas Drittes, in den Schultern, Fingerspitzen, Fußsohlen. Der Tastsinn etwa? – nein; denn statt mich etwa ans Land zu tasten und klippauf weiterzutasten, ging und kletterte ich, scheinbar blind, ohne ein Zögern und Innehalten, ohne einen einzigen Suchschritt auf der Stelle zügig dahin, die Hand am Aufstiegsfels jeweils mit dem richtigen Haltegriff, Kopf und Schultern einziehend vor jeder schärferen Kante. Und fast war es dann eine Enttäuschung, oben auf der Schwelle zum Dekapolis-Plateau den üblichen Gesichtssinn, das »Augenlicht«, wiederzufinden. In die Verlängerung solcher Blindheit, liebe Mächte! Aber nein.

In einer Art von Unwillen riß ich mir die Brille vom Kopf, um wenigstens unscharf zu sehen, möglichst vage; nur keine Umrisse! Das erste und zunächst einzige, was mir derart vom anderen Land in den Blick geriet, war, von undefinierbar verunklarten, namenlosen

Laubbäumen – erkennbar nur: Laub – zum Teil verdeckt, ein Giebelhaus. Und dieser Giebel dort, aus seinem gleichschenkeligen Dreieck heraus, grüßte mich, so wie mich seit jeher, ausgenommen in der Schreckenszeit, Hausgiebel zu grüßen pflegten. Und schon setzte ich mir, wie ohne mein Zutun, die Scharfsichtbrille neu auf. Ja, er grüßte und begrüßte mich, der Giebel, und wie. Und trotzdem machte ich es mir dann zur Regel, in der Folge, den ganzen Tag lang, mich immer wieder ohne einen Sehbehelf durch das Land zu bewegen; gab mir, auf Schritt und Tritt, noch und noch andere Regeln, eher nur Spielregeln. Aber was hieß dabei »nur«? Hoch die Augen! Und siehe, im Giebel das blinde Fenster, es öffnete sich. – I wo: Es stand schon längst offen. – Aber der Strahlenkranz auf dem Dach, kam der nicht von der TV-Schüssel? – Na und? Das Strahlen, es strahlt.

Regeln, ob so oder so: Denn ich war mir bewußt, daß jener eine Tag in dem anderen Land, der erste mit freiem Herzen und gelösten Sinnen, ein gefährlicher sein würde. Er wäre die große Prüfung für mich. Geprüft von wem? Geprüft; ohne wer oder was.

Die auf das erste folgenden Häuser, ein jedes in einem weiten Abstand zum nächsten, waren keine Giebelhäuser mehr. Obwohl gleich eine gut asphaltierte Straße ins Land hineinführte, traf ich für eine erste Zeit lang auf keinen Menschen, und hörte keine menschlichen Stimmen, auch nicht aus einem Radio oder Fernseher (die Dächer dabei vollbestückt mit allen Arten von Antennen). Das einzige Zivilisationsgeräusch weit und breit kam, durch die erstaunlich zahlreichen Gitter im Asphalt, von der Kanalisation, ein ständiges und immergleiches unterirdisches Rauschen und Brausen.

Die folgenden »Regeln«: Möglichst keinmal bis zum Abend innezuhalten. Immer weiter so ausschreiten, wie ich mich, auf der Klippe angekommen, in Gang gesetzt hatte. Auf den öffentlichen Straßen, geteerten oder asphaltierten, mit Autoverkehr bleiben; mich fernhalten von Wanderwegen; keinerlei Land-, geschweige denn Wanderkarten zu Rat ziehen; die Natur, insbesondere die Wälder, die Bäume, tunlichst meiden oder sie allein als Hintergrund und fernen Horizont in den Augen haben; taglang so am Rand der Hauptadern unter dem freien Himmel gehen.

Ebenso sollten meine Augen taglang den Brennpunkt, den Fokus, vermeiden. Bloß keine Einzelheiten! Ebenso durfte ich nichts sammeln, nichts auflesen und an mich nehmen. Und ebenso: nun keine Seitenblicke! Einzig geradeaus geschaut, oder hinunter auf die gehenden Füße und den nackten Asphalt, oder, ausnahmsweise, einmal, nicht öfter!, himmelwärts; (erlaubt dagegen das Sehen – das Wahrnehmen, das unwillkürliche – aus den Augenwinkeln). Bei jedem noch so kleinen Verstoß gegen die Regeln hatte ich, in dem Spiel, das sich in einem fort abspielte tief drinnen in mir, um ein Feld zurückzurücken, oder auch so: Zur Strafe wurde mein neues, dämonenfreies Leben um, sagen wir, eine Woche, wenn nicht einen Monat gekürzt. Ein fast ohne mich selbst passierender schneller Seitenblick in einen halbverwachsenen Pfad, der von der Straße weg in die Wildnis führte – früher einmal die große Verlockung –, und wieder ein Teil meiner Lebenszeit verspielt; desgleichen durch den Seitenblick hin zur Grille vor ihrem Erdloch.

Nicht zu solcherart Regeln gehörte dagegen die Namenlosigkeit all dessen, was mir auf meinem Weg durch das andere Land so begegnete. Namenlose Vögel sangen. Namenlose Blumen blühten. Ein namenloser Käfer ließ sich auf meinem Handrücken dahintragen bis in die erste Dämmerung. Und solche Namenlosigkeit war mir eine Erleichterung; war Teil meiner Befreiung; verstärkte gar die Freude, das Leben der Vorjahre losgeworden zu sein, vibrierende namenlose Freude, und das erst hieß Leben; hieß Dasein. Weg mit euch Namen, und genauso weg mit »Holunder«, »Islandpony«, »Libanonzeder« wie mit »Aronstab«, »Paradiesapfel«, »Jesusbirne«, »Passionsfrucht«! Der einzige Naturdingname, den ich an meinem Tag im anderen Land gelten ließ, war »Brennessel«: Aus der Bewußtlosigkeit geweckt, hatte ich, am Seeufer, Ausdruck meiner jähen frischen Daseinsfreude, in so eine hineingegriffen, mit dem Brennschmerz dann taglang als Begleiter.

Auch daß ich bis zum Abend nichts aß, kam aus keiner Regel. Das Wasser des Sees, das ich am Morgen getrunken hatte, war eine Erquickung gewesen und genügte mir; keinerlei

Versuchung, die Hand auch nur einmal seitwärts nach den unzähligen schon reifen Brombeeren an den Straßenrändern auszustrecken. Und außerdem, als ich dann zu Mittag an dem einen und anderen parkenden Lastwagen vorbeikam, wo die Arbeiter, oder was sie darstellten, in den Führerkabinen, oft zu zweit, bei ihrer Mahlzeit saßen, war mir jedesmal, als speiste ich, von ihnen eingeladen, mit, in der Rolle des Dritten. Ja: Ich bekam dabei Hunger; ich hungerte. Doch dieser Hunger war ein belebender.

Es war ein Werktag, an dem ich das mir unbekannte, oder unbekannt gewordene Land durchstreifte, und zugleich sah ich mich Schritt um Schritt in einem Feiertag. Ah, sonderbarer Feiertag, wie er in keinem Kalender der fünf (oder sonst wieviel) Kontinente stand, und dazu, von Wegstrecke zu Wegstrecke, ein neuer, und alle die Feiertage verschieden vom andern.

Auf der ersten, der noch vollkommen menschenleeren Strecke wurde das der »Tag der Verschollenen«. Endlich erinnerte ich mich der Erzählungen meiner Schwester, wonach unter unser beider Vorfahren es nicht wenige gegeben habe, welche, im eigenen Land oder woanders, verschollen seien, nachrichtenlos verschwunden auf Nimmerwiedersehen. »Wir, die Sippe der Verschollenen.« Und zu diesen zählten für mich, den Jüngeren, auch meine von mir damals kaum oder gar nicht wahrgenommenen Eltern. Jetzt aber, in der andauernden Menschenleere, traten sie, siehe die Augenwinkel, auf, Vater und Mutter, und querten momentlang, luftige Umrisse, mit noch anderen, unumrissenen Vermißten, die Straße.

Und auf der nächsten, übernächsten, oder gleichwievielten Wegstrecke durch das andere Land feierte ich dann das »Fest meiner ungeborenen Kinder«. Jedenfalls war da die fragliche Straße schon mehr oder weniger bevölkert, und jedenfalls war zuvor das erste mir begegnende menschliche Wesen ein Kind gewesen, ein Winzling, der gerade seine ersten Schritte tat, dabei die helfenwollenden Hände freilich energisch wegstoßend. Dieses Kind suchte meinen Blick, und ich gab ihm den – konnte ihm meinen Blick, auch eine Neuigkeit für mich an diesem »Ersttag«, geben. Und eine Festlichkeit, eben das Fest der ungeborenen Kinder, wurde daraus, indem ich in der Folge die zwei, drei weiteren nach meinen Augen Forschenden nicht, fürs Leben enttäuscht, sich von meiner Person abwenden ließ; mit der Anmerkung, daß die meisten der von Strecke zu Strecke gekreuzten Kinder bei uns Erwachsenen keinerlei Blick suchten, nicht bei mir, und nicht bei sonstwem. Aber welch ein Bild jetzt vor allem von jenem der Kinder, dem kleinsten, das mit mir und mit dem ich den Anfang gemacht hatte: Wie es auf meinen Antwortblick, wie mir zuliebe, dabei so scheinbar schwach auf den Beinen, ein paar Schritte rückwärts gelaufen war, und als sei solch ein Rückwärtslaufen während der ersten Gehversuche bei Kleinstkindern das allernatürlichste. Und mit im Bild seine Augen, wobei das Wort »Kindersegen« eine andere Bedeutung annahm.

So wie es mir auf einer der Folgestrecken mit dem Wort »Saumseligkeit« ergehen sollte, zu dessen zwei eingebürgerten Wortspielarten – die zweite, Seligsein an den Rändern und Säumen, eher, aus Eigenmacht, bei mir allein – eine dritte Spielart der »Saumseligkeit« dazutrat: jene beim Gewahrwerden der fernsten Säume, wie im nächsten, dem von dem ursprünglichen ausgehenden nächsten Bild meine Seligkeit angesichts der sonnedurchstrahlten Wolkensäume hoch oben im Sommerazur.

Dazu die schwankenden Gräser weit weg am Horizontrand: Aus der Nähe wären die mir niemals so nahe gekommen. Und im Waldhintergrund, in der Baumkronenferne, der Himmel als dort aufgehängte blaue Hemden, ein blaues Hemd ums andere: Solche Blauhemden ließ ich mir jetzt gefallen. Meines Wissens war ich zum ersten Mal in dem Land unterwegs. Aber wie kam es, daß ich dann einmal ausrief: »Ich bin wieder da!«? Und danach: »Wir, wir, sind wieder da!«?

Trug, und noch einmal Trug. Und wenn? So oder so nahm ich »Segen« und »Seligkeit« an dem ersten Tag meiner Freiheit, bei all dem, was in der Folge noch kam, als Materie. Ich erlebte die ja. Ich hatte gleich zu Beginn, und nicht bloß im übertragenen Sinn, den Staub von den Füßen geschüttelt (daß es nur so staubte und staubte, fast bis zur Augenhöhe), und nichts mehr war mir widrig, und das über den Tag hinaus.

Wahr: Die meisten im anderen Land übersahen mich nicht nur – ich war für sie ohne Existenz. Ich wurde so, dabei absichtslos, gerempelt (insbesondere von den allgegenwärtigen Läufern), beiseite geschoben, auf die Zehen getreten, aus den Schuhen gekippt (in welch edlen alten Schuhen ich dabei ging!), doch das war mir nur recht. Oder nein: Weder Recht noch Unrecht. Die da – nie Einzelne, in der Regel Gruppen, kleinere wie größere – zählten nicht, so wie es für mich selbst eben ein Tag jenseits von Unwillen und Willen, auch jenseits von Ungeduld oder Geduld war. All meine vielleicht angeborene Ungeduld – die »Mutter meiner Dämonen«? »Urdämon Ungeduld?« – war aus dem Spiel, und damit auch die Nothelferin Geduld. Sie tat mir nicht mehr not. Und alle, die mich an jenem einen Tag übersahen oder gar mißachteten, kamen mir nur recht. Auch an ihnen fand ich mein Maß.

Anderen dort drüben im anderen Land tat ich, ohne im geringsten etwas wie ein Wohltäter zu sein, spürbar gut, indem ich mich zeigte und war, wie ich war (wobei ich auch mich selber – nicht »neu erfand«, vielmehr entdeckte). Daß ich dem und jenem schlicht guttat, und das war kein Trug. Und immer waren es Einzelne, in denen ich von Strecke zu Strecke, jeweils ungesucht, und jeweils auch bloß im Vorübergehen, auf einen Bundesgenossen stieß, und umgekehrt sie auf mich. Seltsame Bundesgenossenschaften.

Es kam mir, anders als von meinem »Guten Zuschauer« geheißen, nicht in den Sinn, den Leuten in der früheren Dekapolis zu erzählen, wie es um mich in den Vorjahren gestanden hatte und was mit mir am Seeufermorgen geschehen war. Ich ging stumm; schwieg bis in den Abend hinein. Und doch mußte etwas an mir das Durchlebte ahnen und hinaus ins Land haben schwingen lassen, ein Etwas, von dem dann, lang nach Sonnenuntergang, die Frau, die später die meine wurde, sagte: »Sie scheinen, mein Herr, von weit zu kommen.«

Ein jeder einzelne der mir Unbekannten, dem ich an den Straßenrändern begegnete, tauschte mit mir einen Gruß aus. Dieser bestand aus einem beiderseitigen Kopfheben, begleitet von einem Lächeln, und allein aus einem Lächeln, über das ganze Gesicht, ein grundanderes als das sprichwörtliche Lachen. Es war eine Ausnahme, daß solch Grüßen gleichzeitig geschah, und ebenso ausnahmsweise war ich es, der als erster grüßte und bei dem Gegenüber den Antwortgruß hervorrief – ich wußte da immer schon im voraus, daß der käme, und zwar weniger überrascht als erfreut, und von Herzen, und wußte auch jeweils im voraus, bei wem ein Grüßen nichts ausrichten würde; wer von den mir Entgegenkommenden »ungrüßbar« war, nicht bloß in meinem Fall, so daß ich mir den Grußblick ersparen konnte.

In der Regel war es der andere, der Fremde, der mich als erster grüßte, mit einer wie selbstverständlichen Vertrautheit, als einen guten alten Bekannten, nein, als mehr. Mir schien dann, ich bewegte mich während dieser Stunden in der Nachfolge meines Guten Zuschauers, wozu paßte, daß ich so einmal einen Gruß bekam von einem, dessen Doppelgänger ich noch am Vortag gewesen war: In die Kreuz und Quer irrte da einer dahin, einmal unter Bocksgemecker, dann Schweinegrunzen, die Arme als Dreschflegel schwingend, und immer wieder auch auf die Fahrbahn rennend, wo die Autos und Fernlaster in Bild und Ton vor ihm bremsten wie in einem Breitwandfilm – doch im Moment, da er meiner gewahr wurde, wie ich aus meinem unablässigen Gehen heraus ihm still zuschaute: ein Gruß zu mir her, ein unvergleichlicher – wie er in keinem Film je gezeigt wurde, und auch nie gezeigt werden wird (bevor er seine Besessenheit weiter auslebte). Er war im übrigen, wie ein paar andere, zum Grüßen eigens stehengeblieben.

Einige Male wurde ich, gegrüßt, dazu wie selbstverständlich von dem oder der Unbekannten umarmt, und ich erwiderte die Umarmung (freilich weniger selbstverständlich). Und nicht bloß einmal bekam ich dazu ein »Da bist du mir ja!« zu hören. So wie alle die Grüßer mich duzten, so sagte auch ich taglang »du« zu einem jeden von ihnen.

In dem einen oder anderen Fall geschahen auch Verwechslungen. Ich wurde, der Reihe nach, für einen vormals landweit bekannten Schanzenspringer gehalten, den Barpianisten vom »Grand Hotel«, einen Star-Anwalt, einen Fußball-Schiedsrichter, einen Zeitungs-Karikaturisten, einen Gentleman-Farmer, einen Cowboy-Darsteller, einen Begräbnisunternehmer (wegen meines schwarzen Anzugs und weißen Hemds?), sogar einen Notar (ebendeswegen?), wenn nicht gar einen, nichts wie weg von seinem Amt, von jeder Amtlichkeit!, auf und davon gegangenen Priester (ebendeswegen?), einen Seemann auf dem Weg zurück zu seinem Schiff (wegen der weiten, im Gehwind knatternden Hosenbeine?). Und einmal wurde ich auch mit dem letzten Bauern der Gegend und überhaupt des anderen Landes verwechselt – wobei Gruß und Umarmung womöglich noch um eins inniger ausfielen, war nämlich ich, als jener Bauer, dem Hörensagen nach, welches daselbst die örtlichen Nachrichten vordringlich bestimmte, vor Wochen schon gestorben. »Wie das, Bauer, du lebst?! Und wie du lebst! In meine Arme mit dir!« Und ich? Ließ denen allen ihren Irrtum. Und erzählenswert vielleicht noch, wie an diesem Tag nicht wenige der offensichtlich Einheimischen mich, den Ortsfremden, nach einem Weg fragten.

Wieder andere von denen, die mich im Vorbeigehen grüßten, wurden sich dann – ich merkte das, ihnen nachblickend, an ihrem kurzen Stehenbleiben und Kopfschütteln – zwar bewußt, daß sie mich mit jemand verwechselt hatten, kamen aber nicht drauf, mit wem. Und wieder andere, in meinem Gedächtnis die meisten, grüßten mich einzig, weil ich es war, oder, an jenem ersten Tag der Rückkehr »in meine Natur«, so war, wie ich da – dort war.

Die einen wie die anderen ließen mir dabei noch zusätzlich Grußworte zukommen, von denen ich etliche bis heute im Ohr habe: »Der Mann vergilt, nicht das Kamel.« – »Manchmal nützt die Geduld.« – »Wandle nach der Weise deines Großvaters!« – »Hör nicht auf, den Nil entlangzugehen!« – »Auf den Feind!« – »Öffentliche gute Werke nützen selten.« – »Kennst du den, der zwei Beine hat, aber nicht auf ihnen geht?« – »Nur kein Seil aus morschen Stücken!« – »Wie dringlich brauchen wir jetzt einen zweiten Vers!« – »Auf, laßt uns weinen!« – »So weitertun bis zum Sterben.« – »Ein Mund, dessen Speichel süß ist.« – »Aus dem Haus gehen mit einem Bogen in der Hand.« – »Sei nicht traurig.« – »Wer die Dekapolis verläßt, wird nie mehr in sie zurückkehren.« – »Die Fuchsstute reiten!« – »Eine Schreibfeder kaufen!« – »Kein Mensch im Haus.« – »Ach, Mutter.« – »Oh du, der du reist in der Nacht.« – »Sterben ist nicht alles.« (Das ließ sich im übrigen hören auf englisch, und zwar so: »Dying ain't all.«)

Was von den Grüßern allen in einem besonderen Maße auf mich überging, war Folgendes: Sie hielten sich, wenn auch gebürtig und angestammt hier, bloß für eine kleine Episode in dem, ihrem Land auf. Sie hatten, durch höhere oder sonstwelche Gewalt, fort-, weit weit fortmüssen, und wären gezwungen, vielleicht schon am Morgen des nächsten Tages, demnächst jedenfalls, wieder fort-dort zu sein. Obwohl damals, wenigstens in unseren Breiten, nirgends Krieg war, konnte ich mich der Vorstellung nicht erwehren, diese Leute, Jüngere wie Ältere, Frauen wie Männer, seien hier im

Land auf Kriegsurlaub, und selbst jenes eine einzelne Kind, wie es der Truppe der anderen, die fast schon verschwunden war hinterm Horizont, aus der tiefsten Seele nachschrie: »Wartet auf mich!«, sei hier nur aufgrund einer der humanitären Aktionen, welche sich »Ferien vom Krieg« nennen. Auf Abruf zurück mit euch ins Frontgebiet.

An die »Front«? Ins Gemetzel. Und es war mir, ich sähe, von all denen dahin unterwegs, nichts als die Füße, gehend und gehend, die Füße anderer »Heiliger der Letzten Tage«.

Auch das war Trug. Doch diese Täuschung, im Unterschied zu den so schönen wie guten, ging mir nicht nach und gab mir auch nicht zu denken; hatte sich schon einen Augenblick später verflüchtigt, war gegenstandslos geworden. Bemerkenswert trotzdem, wie sich dann, während einer Stunde, ab etwa Mitte Nachmittag, auf meinem Weg durchs andere Land die

Schimären (oder wie das nennen), solche und solche, häuften, und eine jeweils umspringend in die gegensätzliche, gleichsam antipodische, und umgekehrt und wieder umgekehrt.

Ein Mann saß auf einem Felsblock an einem Straßenrand, mit gekrümmtem Rücken, zusammengekauert, reglos abgewendet von allem wie jedem, die Füße bis hinauf zu den Knöcheln eingewachsen ins Erdreich, und als ich mich dann nach ihm umdrehte, baumelten diese Füße hoch über dem Grund, im Spiel mit der Luft, aber auf den dritten Blick war das kein Spiel mehr, vielmehr versuchte der Mensch dort, wie verzweifelt von der Felskuppe oben in Bodenberührung zu kommen: vergebens, seine Beine waren zu kurz.

Eine sehr große Frau, eine Riesin, in Polizeiuniform kam stiefelknallend, pistolentascheknarrend, handschellenklirrend in die Betonkirche, zugleich Unterstand und Durchgangsstelle, am

Rand wieder einer Straße, und warf sich, nachdem sie erst, ohne mich eigens anzusehen, das Auge des Gesetzes, die Ordnungsmacht, verkörpert hatte, urplötzlich auf die Knie, daß es durch das ganze Kirchschiff hallte, robbte so, erst rechtes Knie, dann linkes, usw., bis zum Altar, vor dem die uniformierte Riesin eine lange Zeit lang still knien blieb, worauf sie, wieder plötzlich, aufsprang und auch schon durch die Hintertür verschwunden war.

In der Folge gellte von jemand ein wiederholtes »Ich bin allein!«, das erste Mal ein Schluchzen, das zweite Mal ein Triumphgeheul.

Und als ich selber einmal eine kleine Strecke rückwärts ging, zur Erholung (richtig gelesen: zur Erholung), sah ich unten in der Ebene jenseits des Sees mein, unser eigenes Land als das andere, das ganz andere. (Wobei dann ein Autofahrer neben mir Rückwärtsgeher hielt, im Glauben, ich wolle mitgenommen werden.)

Und einmal dann klaubte ich von wieder einem Straßenrand einen Bleistift auf, der nichts als ein Stück Holz war und dann doch ein Stift – ein dicker, kräftiger, ein alter, halbverwitterter, dabei funktionierender Tischler- oder Zimmermannsstift, und ich dazu: »Mit einem Bleistift in der Hand / kommst du durch das ganze Land!«

Ab irgendwann und irgendwo kein Trug mehr, weder ein solcher noch ein solcher. Und schon vorher war es taglang nicht bloß meine Vorstellung, sondern eine Gewißheit gewesen, entgegenzugehen. Entgegenzugehen wem? Entgegenzugehen. Und ebenso klar war es, daß meine Einzelnen auf dem Weg, junge wie alte, »Schüler« waren, neu oder überhaupt ewige Anfänger! – »Fahrschüler«? »Achtung, Anfänger!«? – Ja, Achtung: Anfänger. Ah, meine Anfänger, ihr, die Gutwilligen. – Tagtraum? – Ja. Aber Tagtraum muß nicht Trug sein. Solch ein Tagtraum half mir jedenfalls, nach der einen Nachmittagsstunde, frisch wieder Fuß zu fassen. Hindernisse stellten sich in den Weg, Hindernis um Hindernis: willkommen, Hindernis!, und bitte, noch ein Hindernis, und noch eines – o Hindernisfreuden. Und weiterhin auch die Gefahr: ein falscher Schritt, und aus wär's mit mir, aus wird's sein mit der Geschichte (wie hieß es doch am Ende von dem Helden, dem Überlebenden, einer anderen, einer sehr alten, einer Geschichte aus wieder einem anderen Land: »Er lebte, um die Geschichte zu erzählen«?).

Und seltsam wiederum, eben »erzählenswert«, wie mir, im Bewußtsein der Gefahr, das Werfen gelang, jeder Wurf, nach gleichwas, mit gleichwas, ein Treffer, dabei ohne Gongschlag oder Glockengeläute: sanfte Würfe, allersanfteste. Hab Dank, Gefahr.

Und dann einmal der Moment, da mir an jenem Tag alles, buchstäblich alles fehlte, und da mir auf einmal nichts mehr, gar nichts mehr fehlte. Einzig zählte: Ich bin woanders. Und: Nur jetzt nicht heim. Nie mehr nachhause!

Einmal, unweit von meinem Dekapolis-Ziel, hätte ich den Tag im anderen Land, und nicht bloß den, um ein Haar noch verspielt. Das war, als ich eine der Regeln, nicht die geringste, vergaß und im Straßenrandgehen nach einem Schatz äugte. Es geschah da aus Unachtsamkeit oder werweißwarum, ein Rückfall in die Kindheit, wo ich mich ausersehen zum Schatzsucher geglaubt hatte, und auch überzeugt gewesen war, den Schatz, ohne eine Ahnung davon, was der darstellen sollte, zu finden.

Im letzten Moment merkte ich, was mir drohte: die Disqualifikation. Panisch flehte, wenn nicht betete ich um ein Bild in meinen Augenwinkeln, mich zu retten. Da gab es zwar eines – eine »Fährte« von, wie sagt man, »Apfelbutzen«, durch die Reihe fast mit Stumpf und

Stiel aufgegessen, der verschiedensten Sorten, von denen ich Kenner, der ich auch nach den Jahren im Wahn weiterhin war, aber eine jede von der nächsten unterschied: Aber nicht dieses Bild war es, das mich zurück ins Spiel brachte, sondern unversehens und vor allem unabrufbar, jene Bilder, die mich jetzt und jetzt, sternschnuppenkurz, anwehten, von weit draußen und von tief drinnen, Bilder aller der Orte, an denen ich einmal gewesen oder bloß vorbeigekommen war, ohne dort bewußt etwas aufgenommen, geschweige denn in Erinnerung behalten zu haben; nicht einmal der Ort, als ein Ort und ein Name, ein Ortsname, hatte mir etwas bezeichnet; erst als Bildschnuppe, gottweißwoher, bekam er einen Namen und wurde zum Ort, zu meinem, einem der meinen. Und einzig solche Bilder waren es, die mir jetzt zu Hilfe kamen: Schätze, die nicht zu eräugen waren. Nie wieder Schatzsuche.

Danach keine Regeln mehr. Ich nahm Abkürzungen – vorher verpönt – und machte, ebenso, Umwege und ausnahmslos schöne. Mehr und mehr Nicht-Geradeaus, wie etwa im Nachziehen der Teerschlierenmäander am Rand der Straße. Und von sämtlichen Horizonten kam es mich dabei angeflogen: »Wer sich des Tags freut, freut sich der Welt.«

Und dann eine letzte Festtagsstrecke, wo ich meinen Geburtstag feierte. (Den nach Geburtsschein? Egal.) Es war dabei auch das einzige Mal an dem Tag, daß ich etwas las, oder nach den Jahren der Irr- und Wirrsal ohne ein einziges bewußt gelesenes Wort neu zu lesen anfing, wenn das auch bloß – wiederum mir zugeweht, auf andere Weise als jene Bilder – der vergilbte Fetzen oder Ausriß aus einem jahrhundertealten Altgriechisch-Wörterbuch war, mit dem Fragment eines Satzes, das ich, mit der Freude dann des Entzifferns Wort um Wort, als mein Geburtstagsgeschenk nahm:

»Derjenige, welcher, viele Türpfosten streifend, sich daran die Schultern abschabt.« Oder »wundschabt«?

Zu solcher Geburtstagsfeier gehörten in der Folge die letzten Worte einer alten Frau, die im Gras an einem Straßenrand im Sterben lag. Sie wurde umstanden von Leuten, sichtlich fremden, von denen ein, zwei sich zu ihr hinabneigten, und als ich einen Schritt näher trat: der Blick der Greisin, mit großen leuchtenden Augen im Kreis und dazu, mit einer Stimme lebensvoll wie nur je eine: »Ich liebe euch alle.«

Und dann, eine Werst oder eine Meile weiter: ich selber an diesem besonderen Geburtstag todbereit. Ich blieb sogar stehen und wartete. Ich setzte mich auf einen Randstein, der vielleicht ein längst verjährter Meilenstein war, und wartete. Kopf himmelwärts. Kopfsenken zur Erde, zum Straßenteer, zu meinen Schuhen. Für den Bruchteil eines Moments spürte ich den Tod in mir, wie er ansetzte zu einem Purzelbaum. Und da aber nichts geschah, atmete ich durch und ging erfrischt weiter.

Sehr ferne Kinderstimmen, die wie aus Baumkronen, wenn nicht aus dem Zenit zu kommen schienen. Prediger am Fahrbahnrand, mit schwacher, wie versagender Stimme, dabei desto weiter tragend, weit ins Land. (Und was predigte er? Er predigte.) Und am Ortsschild endlich sich emporrankend ein Wildapfelbaum: seine zwei, drei Früchte, gar kleine, geerntet und gekostet: Bitterkeit der Bitterkeiten, Bitterkeit als Medikament. Der Gehwind mir den Arm um die Hüfte legend, auch noch lange im nachhinein.

Mit dem Ankommen im Zentrum der einstmaligen Dekapolis: Ende der Feiertagsstrecken. Dafür eine andere Festlichkeit, eine erst nur mir und dann noch dem und jenem merkbare; eine heimliche, umso allgegenwärtigere. Im übrigen waren alle die Zentren der Dekapolis –

so nannte sie sich weiterhin, obwohl von den »zehn Städten« ja längst keine Rede mehr sein konnte – zugleich Peripherien, wie die Peripherien zugleich Zentren bildeten. Der Name des fraglichen Zentrums tat wieder nichts zur Sache? In der bewußten Feststimmung, und für diese meine Geschichte vielleicht einmal doch: *Kursi*, übersetzt: Thron.

Reste einer Steintreppe als das einzige, was von dem Kursi der zwei Jahrtausende zuvor geblieben ist. Sonst fast nur Bauten aus der jüngsten, der jetzigen und, meinetwegen, auch morgigen Zeit; desgleichen die Einrichtungen und Installationen, wie sonstwo im anderen Land, der Allerwelt. Und doch und doch … Und das kam von dem Abend dann nicht einzig von dem Ortsnamen.

Zu meinem Fest-Gefühl gehörte, daß ich, nach allen den Jahren als Allein-Esser, als der buchstäbliche arme Schlucker erstmals zusammen mit anderen mahlzeitete, nachtmahlte an einem gemeinsamen Tisch. Die übrigen Festteilnehmer: zufällige Begegnungen, oder nein, gar nicht zufällige – das spürte ich sofort, und das erwies sich in der Nacht – Begegnungen bei meinem Durchstreifen der Stadt. Mit dem einen wurde ich bekannt beim Tischfußballspielen; mit dem zweiten vor einer Jukebox; und der dritte war ein blutjunger Polizist – wieder jemand aus den Ordnungskräften –, der, neu in der Stadt, und da verirrt, mich für einen Ortskundigen hielt (siehe oben) und mir dann nicht von den Fersen wich. Eine kleine Gesellschaft waren wir, fremd einer dem andern, und doch, auf eine Weise die Fremdheit still bewahrend, eines Sinnes.

Das wäre der Moment, wären die Stunden gewesen, ihnen, den Unbekannten im anderen Land, wie mir aufgetragen, meine Geschichte zu erzählen. Und statt dessen erzählten, bis Mitternacht, sie mir ihre Geschichten, ungefragt, auch von keiner Frage meinerseits unterbrochen, rückhaltlos, vertrauensvoll, ernst. Aber diese ihre Geschichten stehen in einem anderen Buch, sind zu lesen, verwandelt, in anderen Büchern – ja, richtig geraten, den meinigen, nicht mehr dem Spalierobstbau gewidmeten der folgenden Jahre.

Und auf nichts sonst mehr war ich aus. Indem ich die Erzählungen dieser Unbekannten und dazu deren Art des Erzählens in mich aufnahm, wußte ich: »Das ist es. Und so ist es. Und nur das ist es. Und nur so ist es.« Und indem wir so tafelten, palaverten, die Gläser hoben, feierten, war es, als ob wir zugleich wirtschafteten. Ohne »als ob«: Wir wirtschafteten. An dem einen Glas, halb im Abseits, halb im Dunkel, sah ich dann einmal die Lippenabdrükke meiner Zukünftigen mir vorausschimmern. Zufälle? Nicht Zufälle? – Und wenn doch nur – »nur« – ein Zufall: Laß solchem Zufall sein Spiel.

Auf nichts mehr aus? Unversehens war mir zum Tanzen zumute. Kaum je ist mir das vorgekommen, und vielleicht gelüstete mich das an dem Abend in Kursi überhaupt zum ersten Mal; hatte ich vorher dazu nicht immer erst aufgefordert werden müssen?

Und lang nach Mitternacht begegnete mir in einem Tanzlokal dann wirklich, wirklicher nicht möglich, meine Zukünftige. Sie überraschte mich, und ich überraschte sie; wir überraschten einander. In meiner Erinnerung begrüßte sie mich mit »He, Seltsamer!«, und ich sie mit »He, Seltsame!« Dabei sagte keiner von uns ein Wort. Stillschweigend aber erfanden wir einen Tanz, der bei mir in den Jahren danach »Einholtanz« hieß (und weiterhin so heißen soll). Und der bestand darin, daß einer von uns, zwischen den übrigen Tanzenden, wegschlüpfte oder auch einfach so sich tanzend davonmachte und sich dann jeweils von seinem Mittänzer einholen ließ.

Einmal schien mir, als lache einer der mir dabei Zuschauenden mich aus. Aber er lächelte nur über die Bussardfeder, die ich unterwegs aufgelesen, mir ins Haar gesteckt und dort vergessen hatte. Als ich sie wegnahm, steckte meine Zukünftige sie mir zurück. Mich erinnernd, bilde ich mir ein, es würden dabei Reiskörner über uns beide ausgestreut.

Die folgenden Jahre waren Jahre der Harmonie. Ich freute mich jeden Tages, und war mir gewiß, das entspreche auch meiner Natur. Vor allem war ich ein gesellschaftliches Wesen wie nur je eins, wirksam im Tun wie im Lassen, im Sein-und-gelten-Lassen, da wohl noch wirksamer: entwaffnend; und »Lasser« wurde so etwas wie mein Übername. Meine Frau meinte manchmal, und das nicht bloß im Scherz, ich hätte einen guten, ja, idealen Politiker abgegeben, allein schon vorlebend eine Politik, eine neue, sie praktizierend, wie Politik heutigentags dringendst gebraucht werde. Wahr:

»Nie mehr Entzweiung; Schluß mit der ewigen Getrenntheit; angehörig sein, ein Angehöriger!« Und das stand mir ins Gesicht geschrieben – und nicht nur dort.

Aber wie kommt es, daß ich jetzt dazu die Gesichter meiner Kinder vor mir habe, wie sie mich über die Jahre immer wieder unvermittelt, jählings, angestarrt haben, selten zwar, sozusagen zu allen unheiligen Zeiten, aber in den aufgerissenen Augen: welche Angst und, schlimmer noch, ein drohender Verlust des Vertrauens, nicht allein zu mir, dem Vater. Angst und Erschrecken dreifach: vor mir; um mich; vor sich, meinen Kindern, selber – Schrekken und Angst in Legion; nie wiedergutzumachen.

3

Letzte Nacht hatte ich einen Traum, wo ich zurück war in meiner Nische auf dem einstigen Steppenfriedhof. Es war daraus ein Verschlag geworden, oder bloß eine einzige Bretterwand. An der hing ein Spiegel, ein prächtiger, wie frisch geputzt. Als ich davortrat, erschrak ich nicht bloß – es packte mich ein Grauen: Ein Fremder schaute mich an, ohne die geringste Ähnlichkeit mit mir, ein so völlig Unbekannter wie eben nur ein Unbekannter im Traum. Doch mit dem ersten Wimpernzucken wich das Grauen einem Staunen, und aus dem Staunen wurde Zutrauen. Denn so gar nichts von glühenden Augen, gesträubten Haaren, geblähten Nüstern. Ein so müder wie sanfter Mann blickte mir entgegen, von dessen Lippen ich erst einmal ablas: »Keine Angst.« Dazu im Spiegel ein Hintergrundleuchten wie das von unbekannten Sternen- und Planetensystemen im Universum.

Für eine Traumzeit beiderseitiges Schweigen, samt Nachtwindrauschen in einem einzigen Steppenbaum, das sich wie ein Einflüstern anhörte. Darauffolgend das weitere Lippenablesen, von dem ich mich, Satz um Satz, Ruck um Ruck, angestupst fühlte wie einstmals beim Schwimmen in einem Gebirgsfluß von den Lippen, dem Maul einer Forelle, hinten in den Kniekehlen, hauchzart, ein Friedenswerk, wenn je ein Werk: »Gesellschaftswesen, schon recht. Aber bist du nicht auch noch ein grundanderes Wesen, ärmer und so viel reicher? Und schon recht, dein Harmonisches, deine Harmonien beim ›Sich in die Kurve des Daseins legen‹, beim ›Dasein perlen lassen‹ im ›Sein, dem Freudenstoff‹. Aber wo ist das Widerständische, wo ist der Widerstand geblieben, der Teil deines Naturwesens ist, des ungesellschaftlichen, auch nicht zu vergesellschaftenden, zeitweise gar gesellschaftsfeindlichen? Ja, wo ist er geblieben, der Widerstand, nicht bloß als Teil – als Kernstück deiner Natur, und das zum Glück, und zum Glück nicht allein für dich!? Mag ja sein, dieser Widerstand, das unausrottbar Widerständische im Wesen ist eine Krankheit, aber die ist auch gesund, und macht gesunden, und, wieder zum Glück, nicht allein dich. Ohne ihn, ohne sie, ohne es WIRD nichts. Ohne es, ohne ihn, nichts als Dasein, und Dortsein, und ewig seelenloses Sein. Werden! Werden! Mit mir, mit dir ist etwas los! Zwischen dir und mir geht es hoch her – will und soll es hoch hergehen! Ja, du bist, und noch einmal zu unserem Glück, ›wir zwei‹, und auf diesem Fundament, gleich ob dazu auserwählt oder verurteilt, werden wir bis ans Ende unsere Luftschlösser bauen. Wir, du wie ich, wollten ja nie etwas bauen; bloß nichts Festes, nur nichts Massives. Bloß nicht den armen Planeten noch mehr vollbauen, totbauen! Aber Luftschlösser, die unseren: Die sind was anderes. Ein Durcheinander das? Ja, zurück mit uns ins Durcheinander. Und schreib dir das auf einen Zettel und nähe dir den ins Gewand, oder stecke ihn dir in den Arsch. Malstrom der Zählzeit, Karawanenstraße einer anderen Zeit. Salz gestreut ins Buch unser beider, unser aller Leben!«

Und dann zeigte sich am Gesicht des Fremden im Spiegel doch mir Bekanntes, ja Vertrautes: im Bart, zwischen all den braunen, grauen und schon weißen, die zwei, drei Haare, die rot waren, und so geblieben waren, rot wie am ersten Tag, ein Rot mit einem Stich ins Hornissengelb, mir aus dem Spiegel entgegengereckt gleich Stacheln, gefährlichen, giftigen. Doch war das nur Schein: Mitsamt diesen gelbroten Bartspitzen, wie eigens für den Traum noch vermehrt, hatte ich vor mir nichts als ein Menschenkindgesicht.

Unwillkürlich, wie weggewirbelt vom Spiegel, umarmte ich mich; schloß mich im hintersten Winkel des wie unter das Meeresniveau abgesunkenen Friedhofrests in die Arme. Es war eine helle Nacht, und oben auf den auch wie eigens für den Traum vermehrten und hochaufgeschossenen, inschriftlosen, inschriftlos gewordenen Grabsteinen bildeten die schlafenden Vögel dort, in Zugvögeltausenden, eine Skyline. Jubel stieg auf in mir; und Abenteuerlust.

Ich blickte über die Schulter in eine Schwärze der Schwärzen, Schwärze wie nur im Traum, und stieß einen – nicht so gemeinten – oder vielleicht doch so gemeinten? – Kriegsschrei aus, den ich, schlafend, hörte als unartikuliertes Gekrächz, und rief dann, jetzt ein klares Rufen, hinein in die Leere: »Seid ihr alle da?«

Sommer, Herbst 2020

Bibliothek Suhrkamp
Verzeichnis der letzten Nummern

1478 E.M. Cioran, Leidenschaftlicher Leitfaden II
1479 Christa Wolf, Kein Ort. Nirgends
1480 Renata Adler, Rennboot
1481 Julio Cortázar/Carol Dunlop, Die Autonauten auf der Kosmobahn
1482 Lidia Ginsburg, Aufzeichnungen eines Blockademenschen
1483 Ludwig Hohl, Die Notizen
1484 Ludwig Hohl, Bergfahrt
1485 Ludwig Hohl, Nuancen und Details
1486 Ludwig Hohl, Vom Erreichbaren und vom Unerreichbaren
1487 Ludwig Hohl, Nächtlicher Weg
1488 Fritz Sternberg, Der Dichter und die Ratio
1489 Felix Hartlaub, Aus Hitlers Berlin
1490 Renata Adler, Pechrabenschwarz
1491 Pierre Michon, Körper des Königs
1492 Joseph Beuys, Mysterien für alle
1493 T.S. Eliot, Vier Quartette / Four Quartets
1494 Walker Percy, Der Kinogeher
1495 Raymond Queneau, Stilübungen
1496 Charlotte Beradt, Das Dritte Reich des Traums
1497 Nescio, Werke
1498 Andrej Bitow, Georgisches Album
1499 Gerald Murnane, Die Ebenen
1500 Thomas Kling, Sondagen
1501 Georg Baselitz/Alexander Kluge, Weltverändernder Zorn
1502 Annie Ernaux, Die Jahre
1503 Roberto Calasso, Die Literatur und die Götter
1504 Friederike Mayröcker, Pathos und Schwalbe
1505 Cees Nooteboom, Mönchsauge
1507 Gerald Murnane, Grenzbezirke
1508 Miron Białoszewski, Erinnerungen aus dem Warschauer Aufstand
1509 Annie Ernaux, Der Platz
1510 Sophie Calle, Das Adressbuch
1511 Szilárd Borbély, Berlin-Hamlet, Gedichte
1512 Annie Ernaux, Eine Frau
1513 Fabjan Hafner, Erste und letzte Gedichte
1514 Gerald Murnane, Landschaft mit Landschaft
1515 Friederike Mayröcker, da ich morgens und moosgrün. Ans Fenster trete
1516 Marie-Claire Blais, Drei Nächte, drei Tage
1517 Annie Ernaux, Die Scham
1518 Rosmarie Waldrop, Pippins Tochters Taschentuch
1519 Sophie Calle, Wahre Geschichten
1520 Elke Erb, Das ist hier der Fall
1521 Carl Seelig, Wanderungen mit Robert Walser
1522 Cees Nooteboom, Abschied
1523 Wolf Biermann, Mensch Gott!
1524 Peter Handke, Mein Tag im anderen Land